Und so geht's:

Das Beispiel auf dieser Seite zeigt, wie du mit miniLÜK spielst. Diese Übung findest du auf Seite 2 und 3.

Öffne das miniLÜK®-Kontrollgerät und lege den durchsichtigen Boden auf die untere Übungsseite deines miniLÜK-Heftes.

Nimm Plättchen 1. und sieh dir Aufgabe 1. an.

Rechne alle auf den Dosen angegebenen Punkte zusammen. Du erhältst 21. Auf der unteren Seite in Feld 3 findest du die Ziffer 21. Lege Plättchen 1. auf Feld 3.

So spielst du weiter, bis alle 12 Plättchen auf dem durchsichtigen Teil des Kontrollgerätes liegen und keine Bilder mehr zu sehen sind.

Dann schließt du das Kontrollgerät und drehst es um. Wenn du das bei der Übung abgebildete Muster siehst, hast du alles richtig gemacht.

Passen einige Plättchen nicht in das Muster, löst du diese Übungen noch einmal. Stimmt es jetzt?

Und nun viel Spaß!

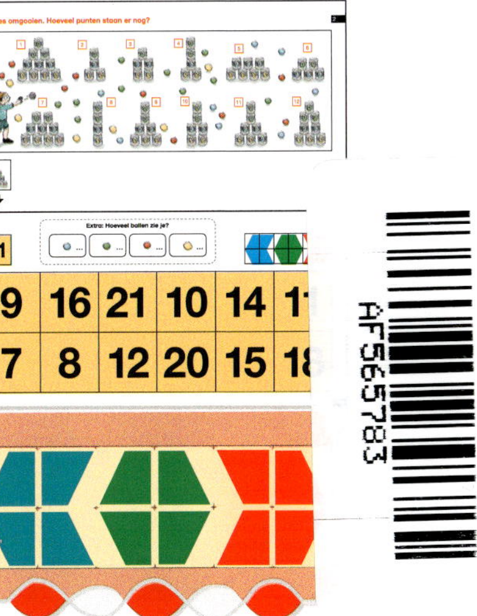

Dosenwerfen. Wie viele Punkte sind zu schaffen?

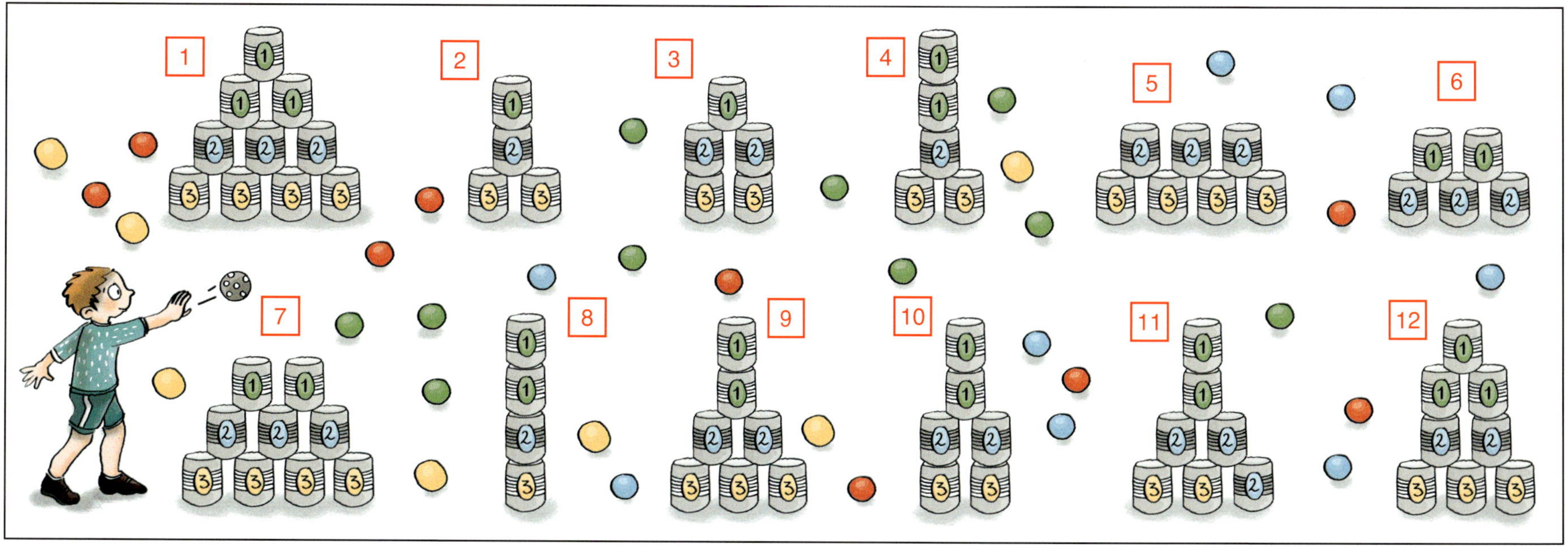

21

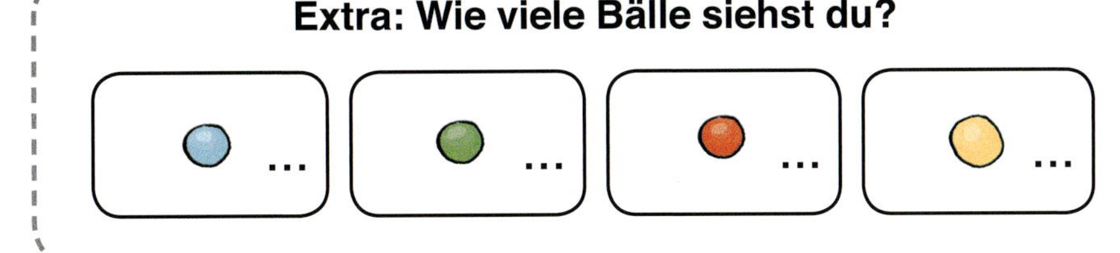

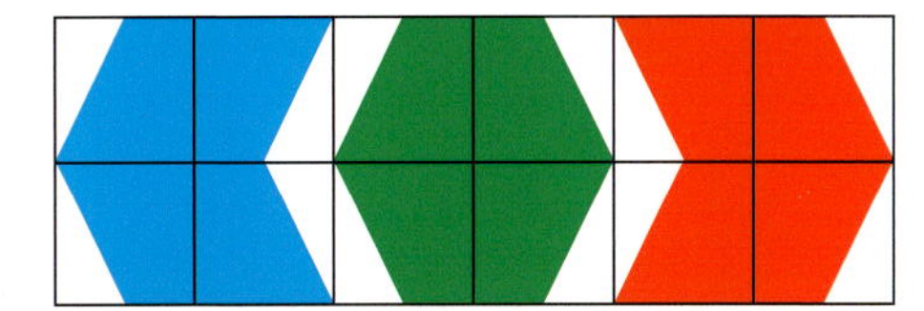

9	16	21	10	14	11
7	8	12	20	15	18

Dart. Wie viele Punkte sind es?

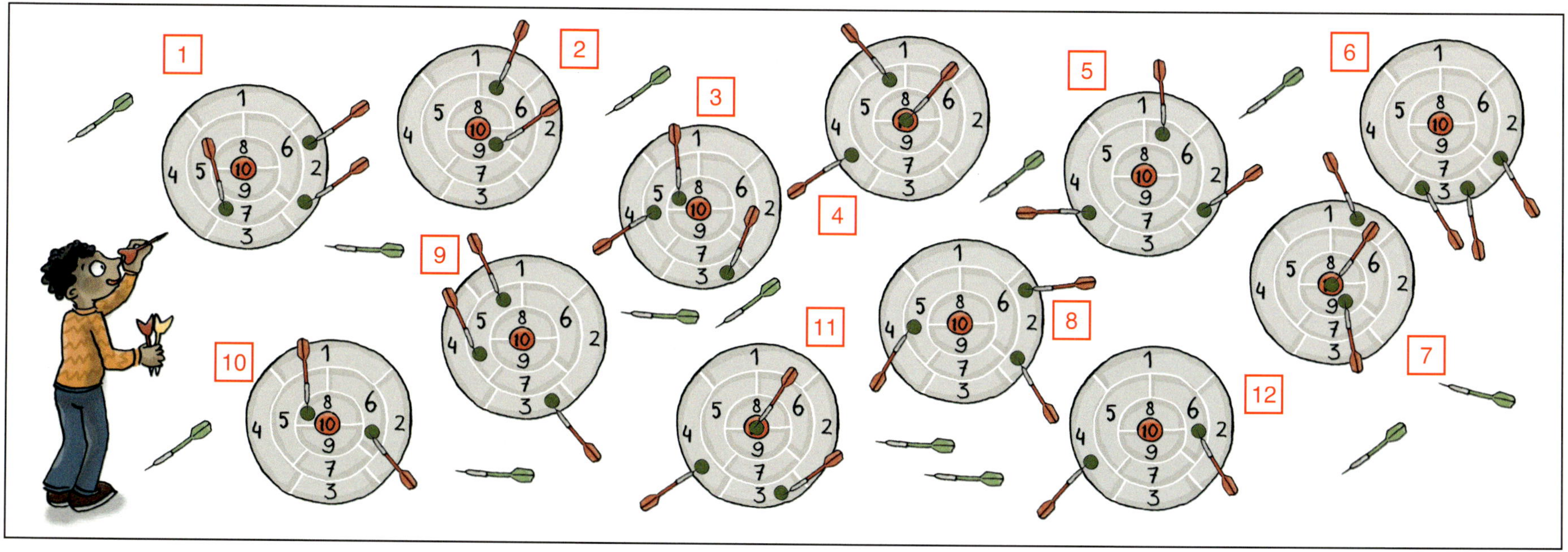

11

Extra: Wie viele Pfeile sind daneben gegangen?

...

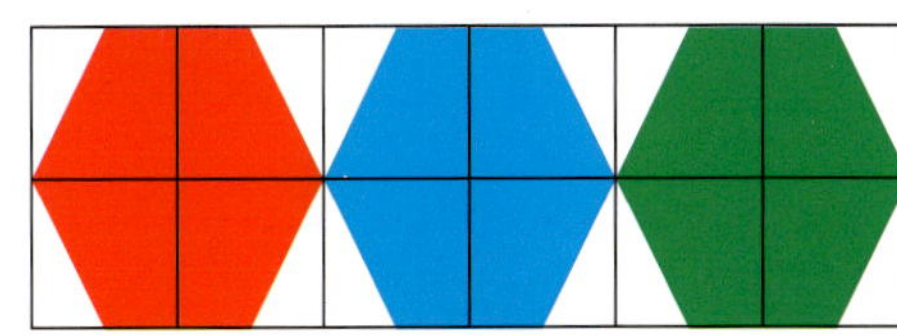

13	16	15	8	11	19
17	12	9	10	14	20

Shuffleboard. Wie viele Punkte sind es?

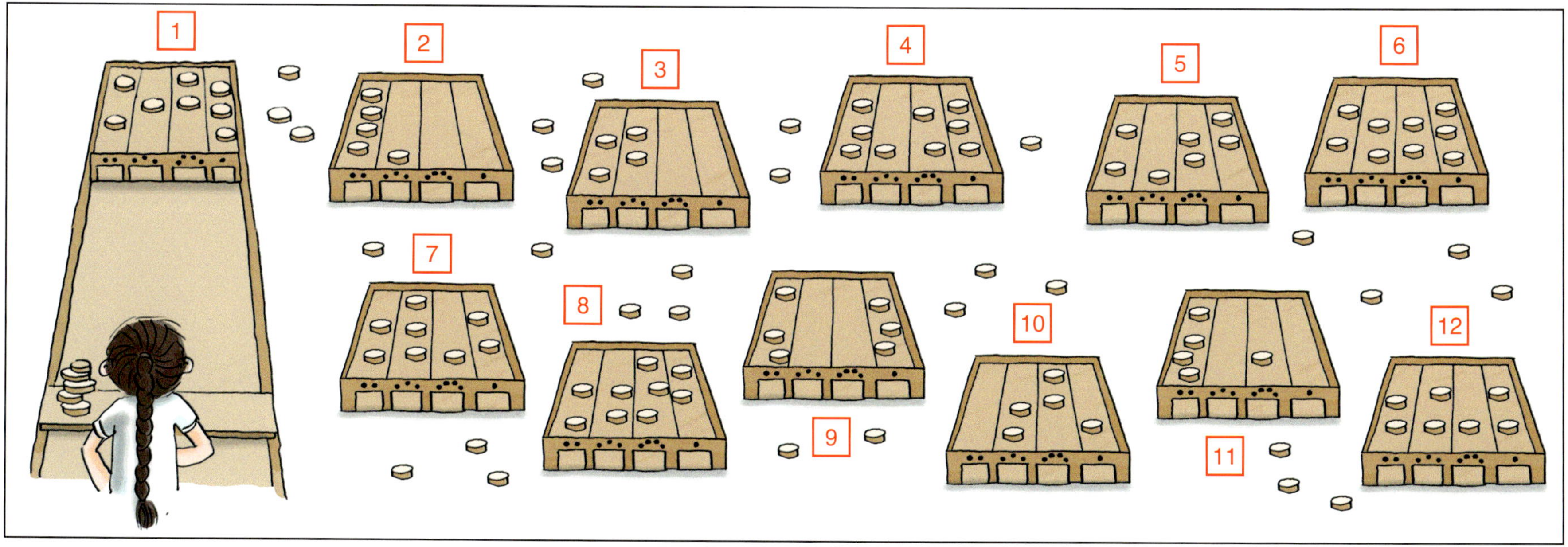

1 2 3 4 5 6 7 8 9 10 11 12

18

Extra: Wie viele Steine sind daneben gegangen?

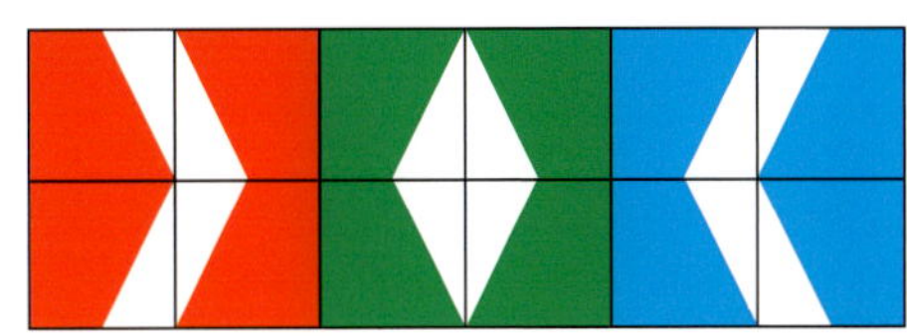

10	12	19	15	16	11
17	9	20	18	21	24

Das Hunderterfeld. Auf welcher Zahl kommt die Figur zum stehen?

Geh voran →

Geh zurück ←

2 4 6 8 10 12

1	2	3	4	5	6	7		9	10
11	12		14	15	16		18	19	20
21		23	24	25	26	27	28	29	30
31	32	33		35	36	37	38	39	40
41	42	43	44	45	46	47	48	49	50
51	52	53		55	56	57	58	59	
61		63	64	65	66	67	68		70
71	72	73	74		76	77		79	80
81	82	83	84	85	86	87	88	89	90
91	92		94	95	96	97	98	99	100

1 3 5 7 9 11

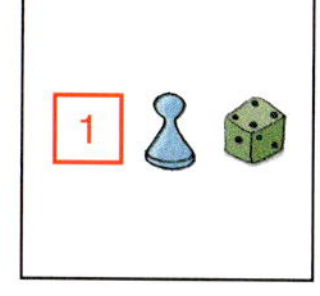

12

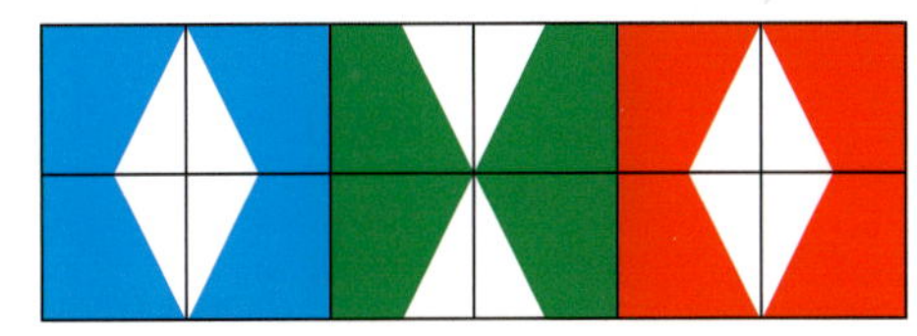

99	65	18	12	40	83
50	7	57	69	22	73

Auf welche Zahl springt der Frosch?

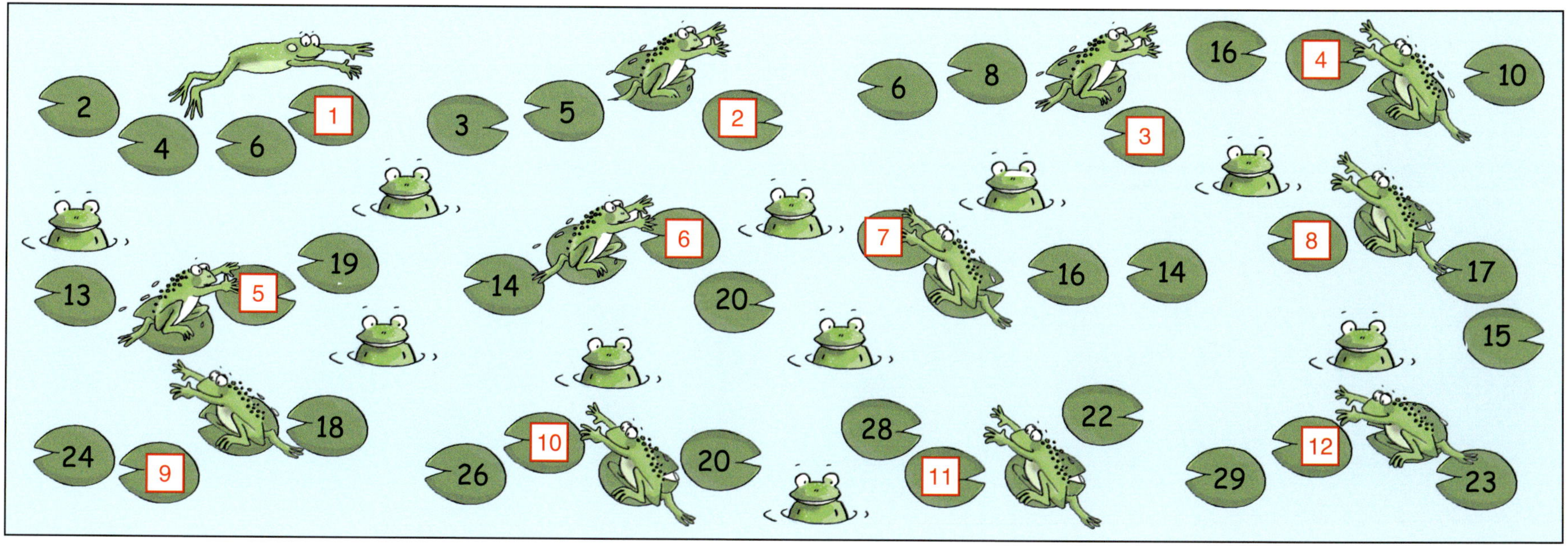

2 4 6 [1] 3 5 [2] 6 8 [3] 16 [4] 10

13 [5] 19 14 [6] 20 [7] 16 14 [8] 17 15

24 [9] 18 26 [10] 20 28 [11] 22 29 [12] 23

8

Extra: Wie viele Frösche zählst du?

...

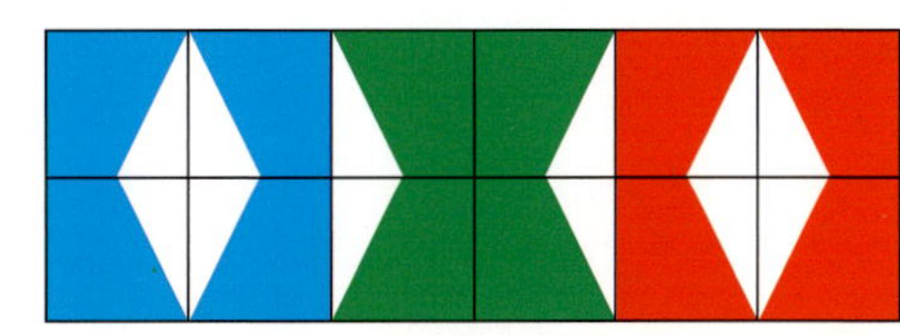

27	21	24	20	17	26
18	9	8	14	12	22

Der Postbote (1). Wo kommen die Briefe an?

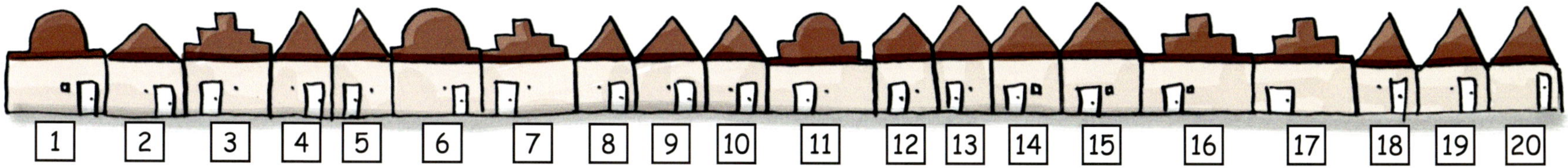
1
2
3
4
5
6
7
8
9
10
11
12
13
14
15
16
17
18
19
20

1
$6 + 4 = 10$
$6 + 5 = ...$

2
$7 + 3 = 10$
$7 + 5 = ...$

3
$8 + 2 = 10$
$8 + 6 = ...$

4
$9 + 1 = 10$
$9 + 4 = ...$

5
$4 + 6 = 10$
$4 + 9 = ...$

6
$5 + 5 = 10$
$5 + 9 = ...$

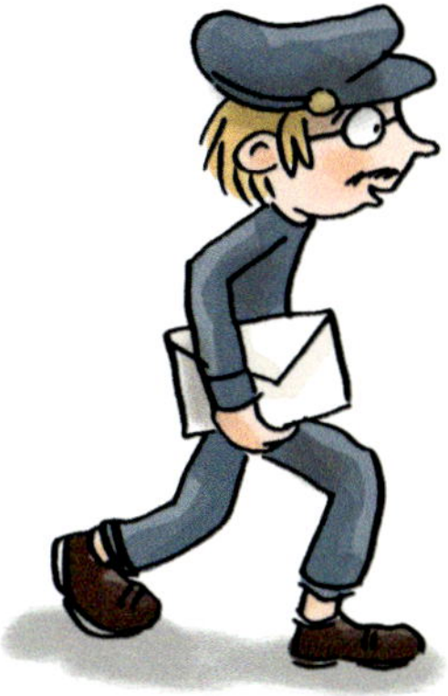

7
$3 + 7 = 10$
$3 + 9 = ...$

8
$2 + 8 = 10$
$2 + 9 = ...$

9
$12 - 2 = 10$
$12 - 4 = ...$

10
$13 - 3 = 10$
$13 - 4 = ...$

11
$15 - 5 = 10$
$15 - 9 = ...$

12
$14 - 4 = 10$
$14 - 7 = ...$

6 + 4 = 10
6 + 5 = ...

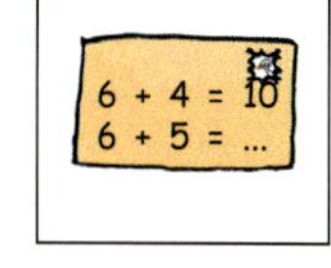

11

Extra: Wie viele Häuser kriegen keine Post?

11	12	14	12	6	14
9	13	7	11	8	13

Blöcke stapeln. Wie viele fehlen noch?

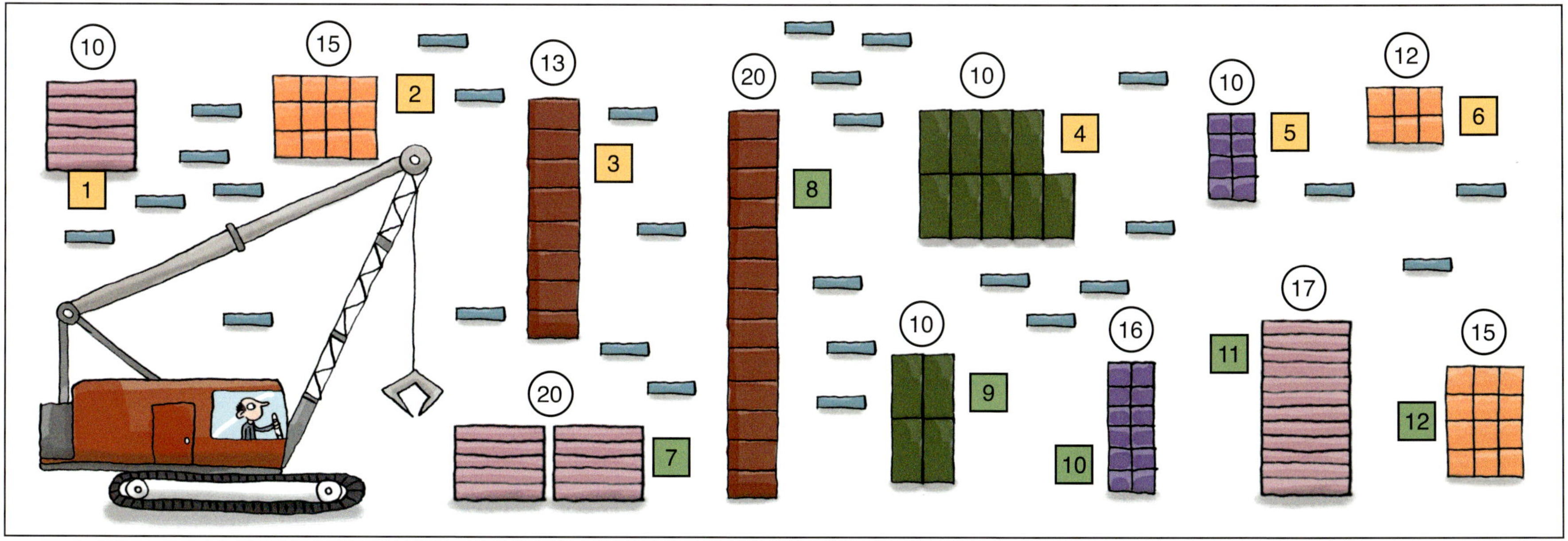

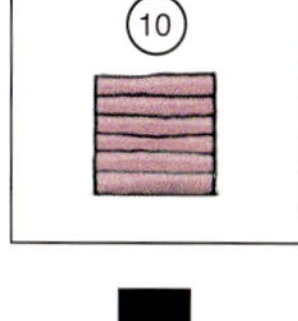

4

Extra: Wie viele blaue Blöcke zählst du?

...

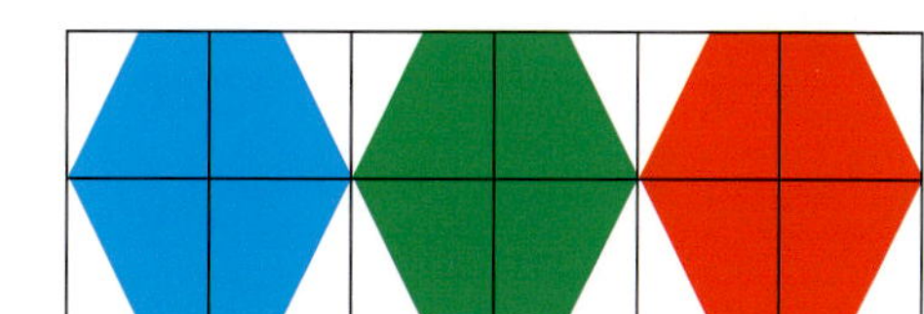

3	6	4	1	6	5
7	3	4	10	5	2

Wimpelketten. Welcher Wimpel fehlt?

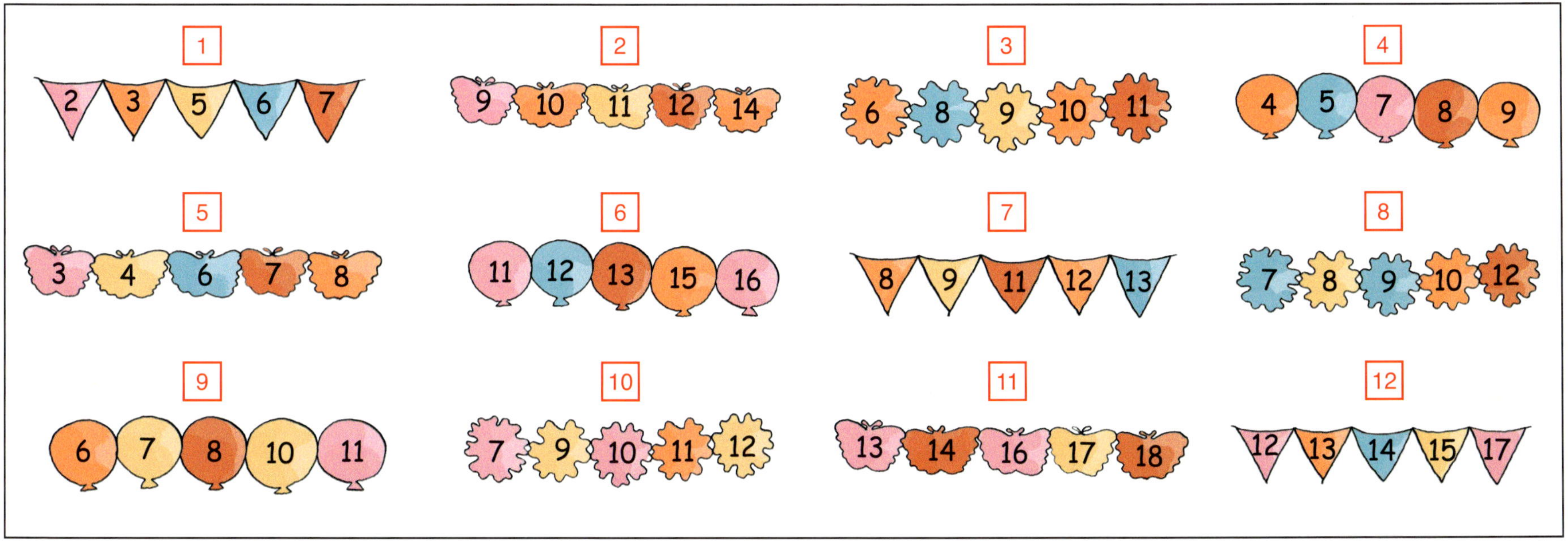
1
2 3 5 6 7
2
9 10 11 12 14
3
6 8 9 10 11
4
4 5 7 8 9
5
3 4 6 7 8
6
11 12 13 15 16
7
8 9 11 12 13
8
7 8 9 10 12
9
6 7 8 10 11
10
7 9 10 11 12
11
13 14 16 17 18
12
12 13 14 15 17

2 3 5 6 7

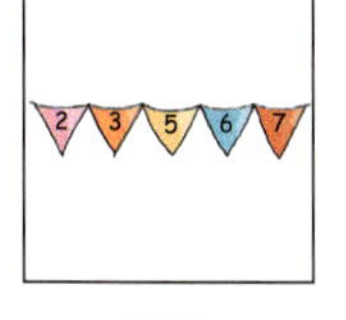

4

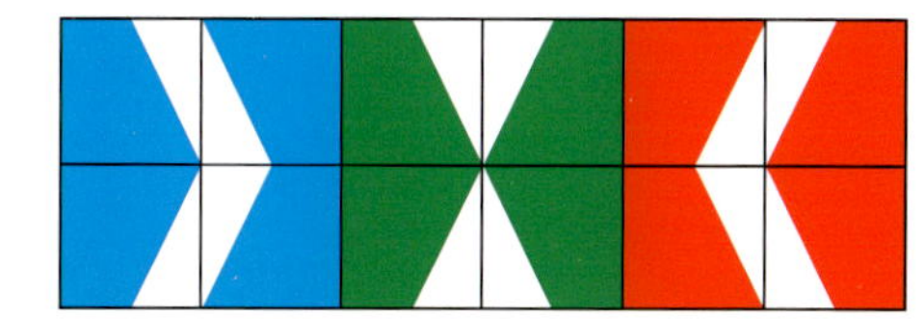

14	11	6	4	5	9
16	13	10	8	7	15

Bruder und Schwester. Welche Zahl gehört zur Schwester?

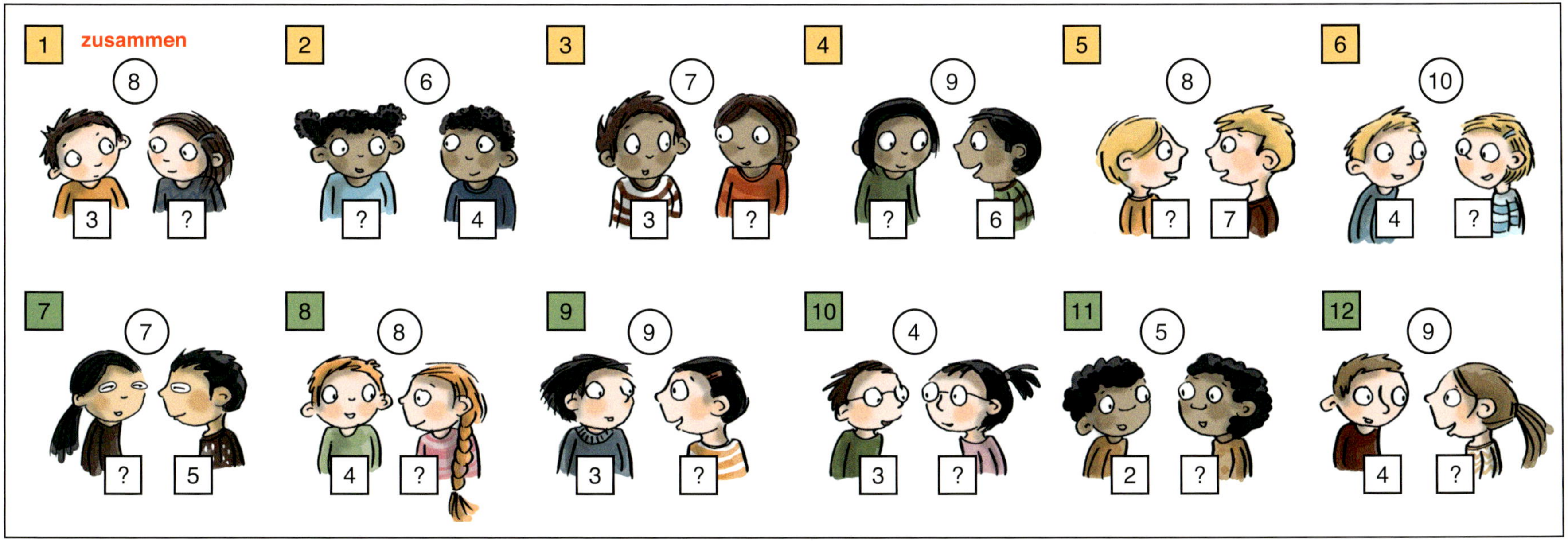

1 zusammen
(8)
3 ?

2
(6)
? 4

3
(7)
3 ?

4
(9)
? 6

5
(8)
? 7

6
(10)
4 ?

7
(7)
? 5

8
(8)
4 ?

9
(9)
3 ?

10
(4)
3 ?

11
(5)
2 ?

12
(9)
4 ?

5

Extra: Wie viele Jungen und Mädchen zählst du?

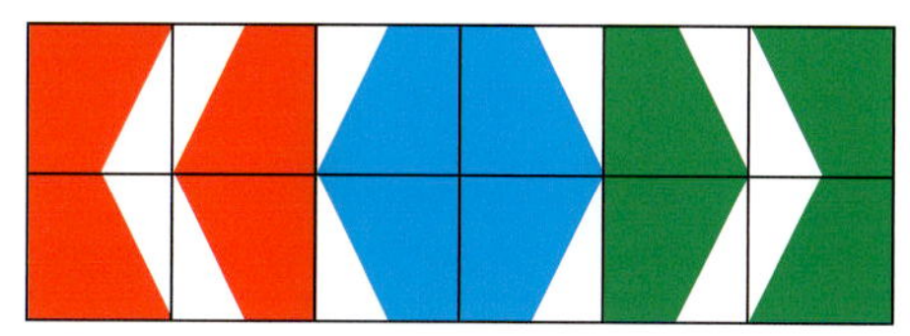

1	6	2	6	3	1
4	3	4	5	2	5

Zwei Küken und ein Ei. Welches Küken sitzt noch in dem Ei?

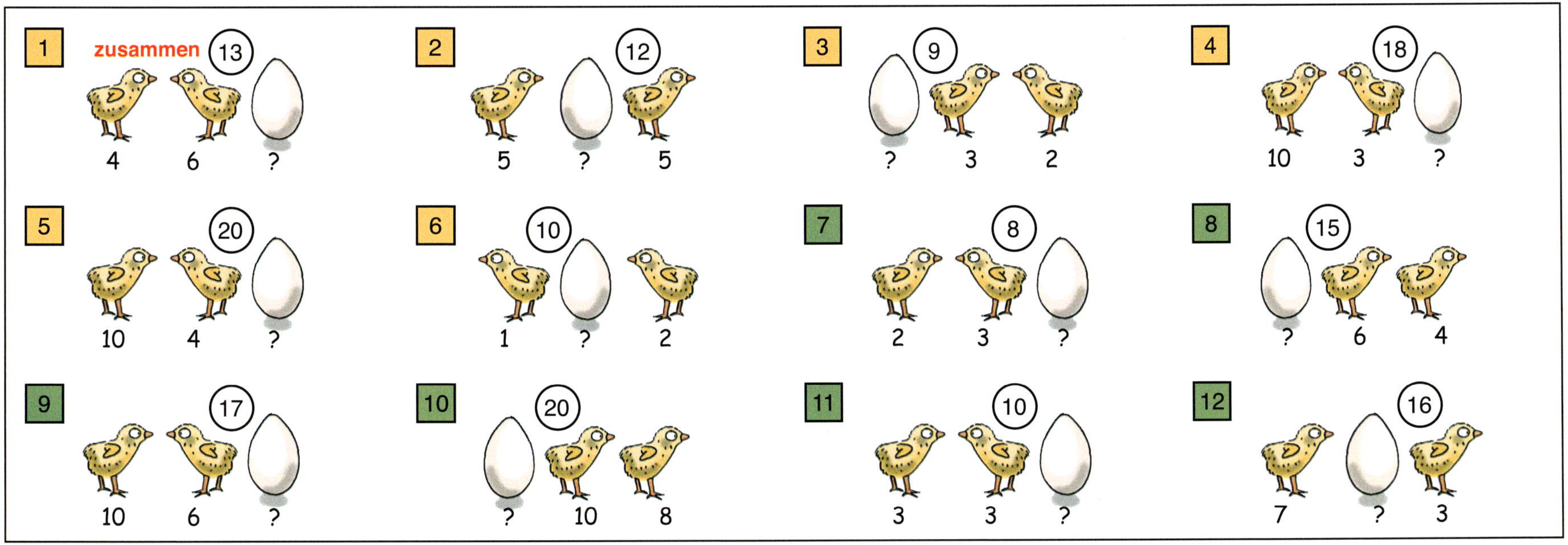

1 zusammen (13) — 4, 6, ?

2 (12) — 5, ?, 5

3 (9) — ?, 3, 2

4 (18) — 10, 3, ?

5 (20) — 10, 4, ?

6 (10) — 1, ?, 2

7 (8) — 2, 3, ?

8 (15) — ?, 6, 4

9 (17) — 10, 6, ?

10 (20) — ?, 10, 8

11 (10) — 3, 3, ?

12 (16) — 7, ?, 3

3

Extra: Wie viele Küken und wie viele Eier siehst du?

 ...

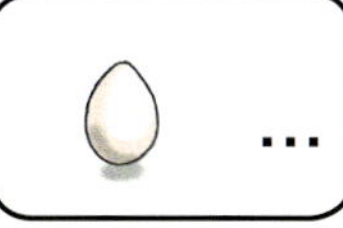 ...

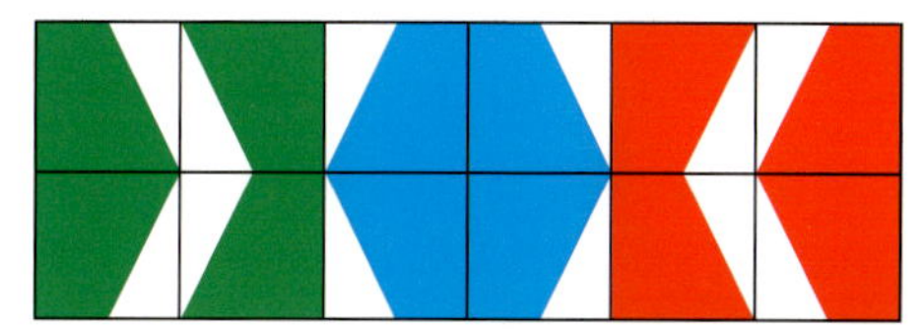

5	2	2	7	6	1
3	3	5	6	4	4

Der Postbote (2). Wo kommen die Briefe an?

1 2 3 4 5 6 7 8 9 10 11 12 13 14 15 16 17 18 19 20

Nr.	Aufgaben
1	6 + 4 = 10 6 + 6 = ...
2	7 + 3 = 10 7 + 7 = ...
3	8 + 2 = 10 8 + 8 = ...
4	9 + 1 = 10 9 + 9 = ...
5	5 + 5 = 10 5 + 7 = ...
6	6 + 4 = 10 6 + 8 = ...
7	7 + 3 = 10 7 + 6 = ...
8	4 + 6 = 10 4 + 7 = ...
9	12 - 2 = 10 12 - 6 = ...
10	13 - 3 = 10 13 - 5 = ...
11	15 - 5 = 10 15 - 8 = ...
12	14 - 4 = 10 14 - 5 = ...

12

Extra: Wie viele Häuser kriegen keine Post?

...

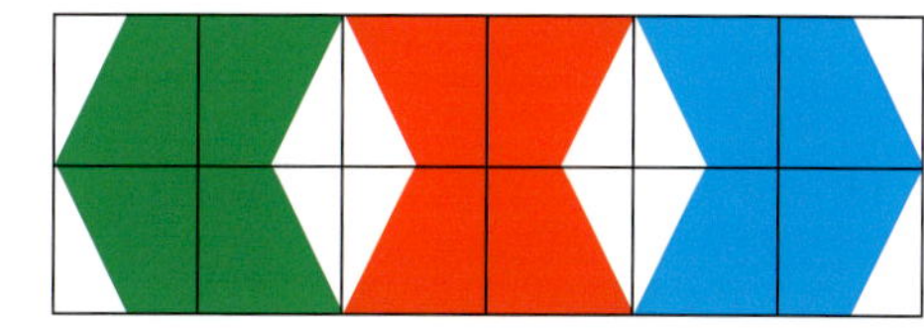

12	13	7	12	11	14
8	18	6	16	14	9

Muffins. Wie viel sind sie wert?

1

2

3

4

5

6

7

8

9

10

11

12

= 1

= 2

= 3

= 4

= 5

= 10